SUR L'EXPOSITION

DES TABLEAUX

AU SALLON DU LOUVRE.

1789.

SUR L'EXPOSITION

DES TABLEAUX

AU SALON DU LOUVRE

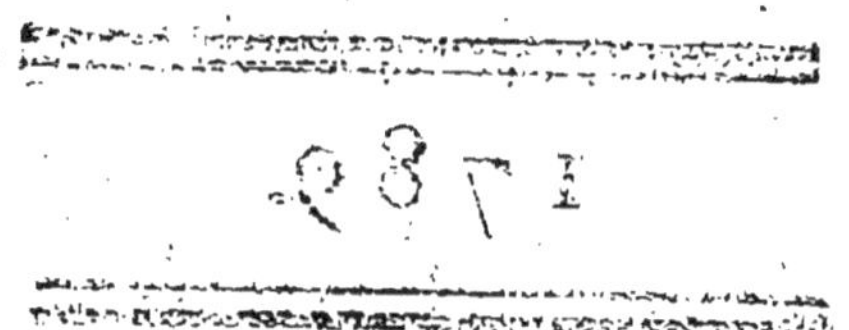

1785.

SUR l'expofition des Tableaux au Sallon du Louvre, 1789.

UN amateur des arts, & fur-tout de la Peinture, avoit efpéré que le changement très-avantageux que l'on vient de faire au Sallon du Louvre en l'éclairant d'en haut, ameneroit un autre changement tout naturel & infiniment plus commode pour le Public (que l'on commence à confidérer aujourd'hui); c'étoit d'établir & faire fuivre l'ordre numérique des tableaux, d'après les places que leurs formes ou leurs grandeurs indiquent depuis le N° premier, en fuivant jufqu'au dernier.

L'ordre fucceffif & numérique du livret;

L'arrangement des tableaux comme ils font placés, fe contrarient tellement, qu'ils n'offrent à l'amateur, qui veut tout voir, que deux moyens également ennuyeux & fatigans.

Si l'on veut fuivre l'ordre numérique du livret, il faut courir pendant deux heures, traverfer en tout fens le Sallon pour aller

A

chercher des numéros qui ne se suivent pas. Le N°. 1 & 2, par exemple, sont entourés des N°s 36, 341, 191, & le N°. 3 est sur le mur en opposition au N°. 1 & 2.

Si l'on veut suivre au contraire l'arrangement des tableaux comme ils sont placés, il faut parcourir & feuilleter le livret d'un bout à l'autre pour chaque tableau dont on veut connoître l'auteur & le sujet ; recherche que l'on fait assez patiemment pour huit, dix ou douze grands tableaux capitaux...... Mais la gêne où l'on se trouve souvent par l'affluence, l'ennui de feuilleter sans cesse ce petit livret, une sorte d'impatience assez naturelle aux François, s'emparent du spectateur qui met le livre en poche, fait le tour du Salon, voit, tant bien que mal, tous les tableaux, & sort enfin, espérant d'avoir plus de patience une autre fois.

C'étoit donc pour parer, autant que possible, à cet inconvénient, qu'un amateur patriote, ami de l'ordre & du bien public, avoit pris la liberté d'adresser à l'Académie royale une Lettre que l'on trouvera ci-jointe, & qui exprimoit, comme on le verra, le vœu de ce changement.

Cette Lettre, après avoir été lue à plu-

(5)

fieurs de Meffieurs les Académiciens, qui
l'approuverent & parurent defirer ce changement utile à la commodité publique,
fut préfentée à Monfieur le Chancelier
de l'Académie, qui s'expliqua fur ce
changement d'une manière très-fatisfai-
fante. En conféquence, la Lettre fut re-
mife à quelqu'un pour être lue à la premiere affemblée de l'Académie ; mais au
lieu de produire l'effet defiré, il ne fut
même pas mis en délibération, malgré les
bonnes difpofitions de toutes les perfonnes
qui l'avoient entendu lire auparavant, &
l'on ne fit aucune réponfe.

Toutes les fois qu'un projet d'amélioration fans inconvénient eft propofé, &
qu'il eft réjetté, on peut (fur-tout aujour-
d'hui) en chercher, en demander la caufe.—
Mais où la trouver ?

On ne peut fuppofer que la perfonne
qui s'eft chargée de lire la Lettre à l'affemblée, n'ait pas agi avec toute la bonne foi
qu'elle avoit promife, puifqu'on l'avoit
mife bien à l'aife, en la foumettant entiè-
rement à fa décifion fous trois points de
vue différens.

Cette idée n'eft-elle pas convenable ?—
la Lettre fera déchirée.

Est-elle proposable à l'Académie ? — veuillez vous en charger.

Peut-elle vous flatter ? — adoptez-la, faites-la valoir.

Ce n'est point une découverte, c'est une imitation.

Qu'importe à qui elle sera due, pourvû qu'elle réuffiffe.

Il paroît donc que ce n'est point là la cause qui s'est oppofée à ce changement.

Peut-être l'Académie a-t-elle voulu voir cette année l'effet de cette nouvelle lumiere du Sallon avant de faire cet autre changement ; & que fi le Public paroît le defirer, elle l'accordera pour le prochain Salon.

C'est pour que le Public & les amateurs puiffent juger cette idée, qui est plus développée dans la Lettre adreffée à l'Académie, qu'on l'a jointe ici. C'est pour que Meffieurs les Académiciens & amateurs qui n'en ont point connoiffance, puiffent la protéger, & travailler à fon effet s'ils trouvent qu'elle foit convenable ; & c'est pour qu'on ne fuppofe aucune autre vue que celle de la convenance publique, qu'on l'a fignée.

Lettre lue à l'Académie Royale de Peinture & Sculpture, le samedi 25 Juillet 1789.

Monsieur,

Autrefois Eleve à l'Académie de Peinture, aujourd'hui simple amateur, tout ce qui tient à ce bel art m'intéresse.

L'Académie fait enfin un changement desiré depuis si long-tems & si favorable à l'exposition des tableaux du Sallon.

Ce changement est peut-être dû à l'exemple que nous ont donné nos voisins dans leur salle *d'exhibition*, au Palais de Sommerset à Londres, qui reçoit le jour d'en haut. Si nous les avons imités en cela, pourquoi ne les imiterions-nous pas aussi dans l'ordre numérique qu'ils donnent à leurs tableaux ?

Lorsque notre Sallon étoit éclairé par des fenêtres, il n'y avoit à peu-près que trois faces sur quatre qui reçussent une lumiere avantageuse. Il étoit donc tout simple alors que Messieurs les Recteurs, Professeurs & anciens jouissent des premieres places, & abandonnassent les autres aux jeunes Artistes, à qui cela causoit souvent du découragement.

Aujourd'hui que la lumiere sera également belle par-tout, pourquoi tiendroit-on à cet antique usage d'apposer les premiers Numéros aux tableaux des plus anciens Maîtres? usage qui, sans ajouter à la gloire ni au mérite des Anciens, ne laisse pas d'avoir quelque chose de désagréable pour les jeunes Artistes dont les tableaux, toujours chargés des nombres composés, entraîne avec soi (dans l'opinion vulgaire) l'idée des *derniers*, & peut-être des moins bons de l'Académie.

Pourquoi, dis—je, ne feroit-on pas comme à Londres? On place tous les tableaux indistinctement, selon l'ordre seulement qu'exige leur forme ou leur grandeur: ensuite on place sur le premier tableau, le plus près de la porte d'entrée, le N° 1; & sur les tableaux les plus voisins, du haut en bas, les Nos suivans, & ce en continuant le même ordre sur les quatre faces, jusqu'à ce qu'on revienne à l'autre côté de la même porte d'entrée, où se trouvent les derniers tableaux portant les derniers Numéros.

Il résulte de là;

1°. Que n'attachant plus l'idée de supériorité à l'ordre numérique des tableaux, les connoisseurs, & ceux sur-tout qui ne le sont pas, se persuadent qu'il peut y avoir des beautés réelles dans les derniers comme dans les premiers tableaux.

2°. Que le Public , amateur ou curieux , eſt bien ſûr d'avoir vu tous les tableaux , quand il a ſuivi tous les Numéros depuis le premier juſqu'au dernier.

3°. Que ne pouvant bien voir toute l'expoſition en un ſeul jour , il eſt bien plus facile aux amateurs curieux , avides de tout voir & ne rien perdre des beautés que l'Académie veut bien leur offrir , de partager le nombre total des tableaux en autant de fractions qu'ils pourront donner d'heures à l'examen de cette belle & noble (1) expoſition.

4°. Un avantage inappréciable qui réſultera de ce nouvel ordre de choſes, & dont le Public ſeroit très-reconnoiſſant envers l'Académie, c'eſt la tranquillité , la facilité d'une marche paiſible & réglée de tous les ſpectateurs qui , ſuivant une marche uniforme , ne ſe croiſeront plus , ne chercheront plus , & vainement , des Nᵒˢ qu'ils ne pouvoient pas trouver dans cette

____

(1) Je dis noble , parce qu'à Londres, où tout eſt ſpéculation , il faut acheter , chaque fois que l'on veut voir l'*exhibition*, le livret, qui coûte 1 ſchling ou 24 ſols , ce qui devient le prix de l'entrée.

confufion de N°s, & qui verront plus de tableaux dans une heure qu'ils n'en pou- voient voir en quatre heures.

5°. Enfin, dans ce moment heureux pour la Nation, où tous les Ordres fe réuniffent, où les Grands fe font un plaifir de fe rapprocher de ceux qu'ils avoient appellés jufqu'ici leurs inférieurs : quel bel exemple d'égalité donneroit notre Ecole françoife, en n'établiffant la primauté numérique que fur le hafard & la convenance locale !

Le même ordre peut être établi pour la miniature, pour la fculpture, gravure & deffins.

Je fuppofe que Meffieurs les Recteurs, Profeffeurs & Anciens, font trop amis du bien pour s'oppofer à une amélioration au- tant defirée que l'étoit le changement ac- tuel, & qui ne leur fait rien perdre des titres que leurs talens & leur ancienneté leur ont acquis, puifqu'au renvoi de chaque N° du livret à rédiger fur un nouveau plan, on trouveroit le nom de l'Auteur, fon titre, fon rang (1) & le fujet du tableau, comme on le verra dans le livret *d'exhibi- tion* des tableaux de Londres, dont j'offre de préfenter un exemplaire.

____

(1) On a dit que ce qui avoit pu s'oppofer à cette

J'ofe donc vous prier, Monfieur, fi vous trouvez cette idée convenable, de vouloir bien la propofer à la premiere affemblée de l'Académie. Le Public lui en aura fûrement obligation. J'en ai déjà fait & en ferai part à plufieurs Académiciens, mes anciens camarades, & à d'autres dont j'ai l'honneur d'être connu, & qui paroiffent approuver une idée qui, fans inconvénient, donne au Public l'affurance de ne rien perdre, & de voir plus commodément les chefs-d'œuvre de notre Ecole françoife.

J'ai l'honneur d'être,

MONSIEUR,

Votre très-humble, &c.

NAU–DEVILLE.

Paris, 25 Juillet 1789.

---

innovation, étoit peut-être que quelques-uns de Meffieurs les Profeffeurs & Gradués verroient avec peine difparoître leurs titres & leurs grades qui fe trouvent dans le livret actuel, en tête de leurs ouvrages. Mais en bonne foi, peut-on fuppofer que d'habiles Artiftes tiennent à deux ou trois lignes de titres au préjudice de la convenance publique ?

De l'Imprimerie de N. H. NYON, rue Mignon, 1789.

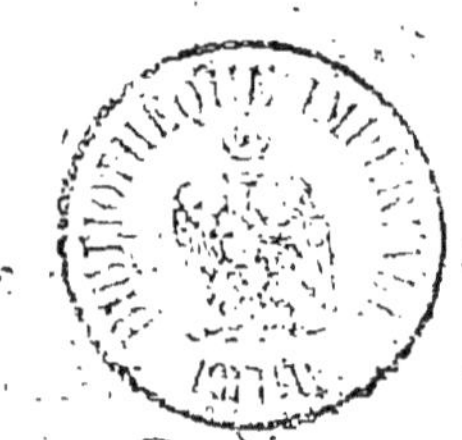

89